JEUX, ÉNIGMES ET CASSE-TÊTE

— CREUSEZ-VOUS LES MÉNINGES ! —

L'imprévu

Crédits photographiques : shutterstock (à l'exception des images ci-dessous).

4-5 Lebazele/istock, 5 (hd) androfroll, 5 shutterstock, 8 (hg) BW Folsom, 10 (bg) Worldpics, 10 (b) Orla, 13 Margo Harrison, 14 (cg) SVLuma, 15 (hd) Ron Peigl/istockphoto, 18-19 (c) Arie v.d. Wolde, 18-19 (b) Eleonora Kolomiyets, 19 (bd) Steve Mann, 20 (hg) tanewpix, 20-21 Péter Gudella, 20 (bc) Mike Bentley/istock, 21 (c) Marilyn Volan, 22-23 (h) stocknshares/istock, 23 (hd) Stephen Coburn, 24 (hg) holbox, 26 (d) Kesamasek, 30-31 Lebazele, 32 (b) Guy Shapira, 32-33 chris scredon/istock, 37 (bc) Nicemonkey, 38 (bg) Alexander Ishchenko, 39 (c) khz, 40 (g, d) RoxyFer, 42-43 (hc) Steve Mann, 44 (b) Evgeny Karandaev, 44 (g) Gordon Galbraith, 44-45 (hc) titelio, 45 (d) Worldpics, 45 (b) Jasenka, 48 (g) Krasowit, 48 (c) oriontrail, 49 (dc) John Kershner, 49 (db) markrhiggins, 52-53 Brad Remy, 54 Ivan Bondarenko, 55 bioraven.

Illustrations de couverture : © Fotolia

Chartist House, 15-17 Trim Street
Bath, BA1 1HA, Royaume-Uni
www.parragon.com

Production : Tall Tree Books
Texte : Rob Colson
Design : Malcolm Parchment
Couverture : Michael Duffy

72, rue de Rochechouart
75009 Paris

Réalisation : *In*Texte, Toulouse
Traduction de l'anglais : Thomas Guidicelli

ISBN : 979-10-295-0122-7

Dépôt légal : 1er semestre 2019

Imprimé en Chine

Vous souvenez-vous de Pythagore ?

Avec certains problèmes de cet ouvrage, vous devez vous souvenir de quelques théorèmes mathématiques simples. Celui de Pythagore, le plus important, établit que, dans tout triangle rectangle, le carré de l'hypoténuse est égal à la somme des carrés des deux autres côtés. Pour connaître la surface d'un cercle, il faut utiliser le nombre pi (π), dont la valeur approchée à deux décimales est de 3,14. La surface d'un cercle de rayon r est égale à πr^2, tandis que sa circonférence est égale à $2\pi r$. Pensez également aux propriétés des triangles semblables : lorsque deux triangles possèdent deux angles respectivement égaux, leurs côtés homologues sont proportionnels.

INTRODUCTION

Attention ! Les 102 problèmes énoncés dans cet ouvrage risquent de vous donner mal à la tête ! Tels autant de magiciens retors, leurs auteurs ont usé d'astuces subtiles pour vous mener sur de fausses pistes. Les apparences sont souvent trompeuses…

Calcul mental, raisonnement logique, orientation spatiale et imagination sont mis à contribution pour résoudre ces énigmes, parmi lesquelles figurent des paradoxes issus de l'Antiquité grecque, des problèmes classiques d'auteurs du XIXe siècle et de nombreux casse-tête entièrement inédits. Gardez une boîte d'allumettes à portée de main : tout au long de cet ouvrage figurent quelques redoutables problèmes qui nécessiteront leur usage.

Ne vous inquiétez pas si plusieurs de ces énigmes vous résistent. La plupart sont relativement simples, mais certaines risquent de dérouter les mathématiciens les plus chevronnés. Les réponses figurent dans les dernières pages de l'ouvrage. Cependant, accordez-vous un temps de réflexion suffisant avant de vous y reporter : le plaisir de connaître la solution sera encore plus grand si vous la découvrez par vous-même !

1 Calcul mental

En additionnant les deux chiffres du nombre 14, on obtient 5 (4 + 1).
En additionnant les deux chiffres du nombre 58, on obtient 13 (5 + 8).
Quel est le plus petit nombre dont la somme des chiffres est 29?

Solution p. 62

2 MAGIE ANIMALE

Combien d'animaux contient cette image ?

Solution p. 62

3 Un toast

Ce soir, la chanteuse Stéphanie a un travail un peu particulier. Elle est cachée à l'intérieur d'un gigantesque gâteau pour faire une surprise à un jeune garçon dont c'est l'anniversaire. Elle doit surgir du gâteau et se mettre à chanter après un toast porté par le père du garçon. Le toast est proposé et Stéphanie entend les invités trinquer. Elle compte exactement 55 chocs de coupes de cristal avant de sauter hors de sa cachette.

Combien de personnes sont présentes à la fête ?

Solution p. 62

4 VRAI OU FAUX

Nicolas dit à Louise :
« Je ne fais que mentir. »
Nicolas ment-il ou dit-il la vérité ?

Solution p. 62

5 Carré magique

Ce rectangle est deux fois plus long que large. Pouvez-vous le découper de façon à ce que les pièces créées s'assemblent en un carré ?

Solution p. 63

6 CARRÉ MAGIQUE II

Un peu plus difficile ! Cette fois, le rectangle est cinq fois plus long que large. Pouvez-vous effectuer la même opération ?

Solution p. 63

7 Bonne heure !

Sur ce cadran, l'heure affichée est 4 h 42.
Un peu après 8 h 23, les aiguilles seront disposées de la même façon, mais chacune aura pris la place de l'autre. Combien de couples horaires similaires, avec inversion des aiguilles, peuvent ainsi être comptés entre 15 h et minuit ?

Solution p. 63

8 ÉTRANGES MOITIÉS

Si 4 est la moitié de 9, 6 la moitié de 11,
et 7 la moitié de 12, quelle est la moitié de 13 ?

Solution p. 64

9 SIX CARRÉS

Déplacez trois allumettes pour former six carrés.

Solution p. 64

10 Sacs d'euros

Thierry se rend au marché avec 139 pièces de 1 €. Il veut placer ses pièces à l'intérieur de sacs et utiliser ces sacs pour payer tout montant entier de 1 à 139 € sans avoir à manipuler les pièces.

De combien de sacs a-t-il besoin ?

Solution p. 64

11 Cent tout rond

Ajoutez le signe +, -, : ou x entre les chiffres pour que le total soit égal à 100.

1? 2? 3? 4? 5? 6? 7? 8? 9 = 100

Solution p. 64

12

Têtes et pattes

Mme Morel élève des cochons et des poulets. Ensemble, ses animaux comptent 9 têtes et 30 pattes.

Combien Mme Morel a-t-elle de poulets et de cochons ?

Solution p. 64

13

Jet d'ancre

Georges convie Mathilde à une promenade en bateau romantique sur le lac. Au milieu de l'eau, ils décident de faire une halte pour mieux se consacrer l'un à l'autre. Lorsqu'ils jettent l'ancre, le niveau du lac s'élève-t-il, s'abaisse-t-il, ou reste-t-il le même ?

Solution p. 64

14 Trois carrés

Déplacez quatre allumettes pour former trois carrés.

Solution p. 65

15 ROUES DENTÉES

Jean le fermier a besoin de huit pignons pour sa nouvelle batteuse. Il y a deux fondeurs au bourg : M. Merle peut fabriquer un pignon par semaine, M. Dupuis en façonne trois dans le même laps de temps. Tous les deux proposent le même tarif : 20 €/pièce. Quand, au plus tôt, Jean pourra-t-il obtenir ses pignons ?

Solution p. 65

16 MÉDAILLE OLYMPIQUE

Lors de la finale olympique du 10 000 m, Richard double à l'avant-dernier tour le coureur placé en 2e position mais, dans la dernière ligne droite, il est doublé à son tour par deux concurrents. Quelle médaille a-t-il remportée ?

Solution p. 65

17 VENT DEBOUT

Chloé parcourt chaque jour 12 km à vélo pour se rendre à son travail. Elle roule toujours à sa vitesse maximale. Un jour, un vent violent et régulier souffle. Vent dans le dos, Chloé effectue le parcours aller en 30 min, mais le retour, contre le vent, lui demande 40 min d'efforts. En combien de temps Chloé rejoint-elle son travail par une journée sans vent ?

Solution p. 65

18 AU BON PAIN

Mme Dubois doit cuire son pain 45 min,
mais elle ne dispose, pour mesurer ce temps,
que de deux mèches de lampe et d'une boîte d'allumettes.
Elle sait que chaque mèche se consume en 1 h, mais
de façon irrégulière – il se peut, par exemple, qu'un tiers
seulement d'une mèche se soit consumé après 30 min.
Que fait Mme Dubois pour cuire son pain à la perfection ?

Solution p. 66

19 BADMINTON

Ce lundi, Georges et Arthur ont disputé sept parties de badminton. Il n'existe pas de partie nulle en badminton et, pourtant, chacun a gagné le même nombre de parties.

Comment est-ce possible ?

Solution p. 66

20 BON MARCHÉ

Mme Blanc et Mme Adèle vendent des pommes au marché. La première vend 3 pommes à 1 €, la seconde 2 pommes à 1 €. À la fin de la journée, il leur reste à chacune 30 pommes et Mme Adèle doit rentrer chez elle. Mme Blanc accepte de vendre les pommes de Mme Adèle et, pour faciliter la vente, elle mélange les pommes et les propose à 2 € les 5 unités.

Avec cet accord, Mme Blanc va perdre de l'argent. Pourquoi ?

Solution p. 66

21 EN PUISSANCE

Remplacez chaque lettre par un chiffre unique
pour que cette égalité soit correcte.

$$B^C = CLIMB$$

Solution p. 66

22 CARRÉ EN MOINS

Déplacez deux allumettes pour former 4 carrés
au lieu de 5.

Solution p. 66

23 QUATRE POIDS

Michel dispose d'une balance et de quatre poids. Avec ceux-ci, il est capable de mesurer tout nombre entier de kilogramme allant de 1 à 40. Quels sont les quatre poids utilisés par Michel ?

Solution p. 66

24 Chez le coiffeur

Un salon de coiffure utilise comme enseigne rotative un cylindre de 1,20 m de haut et de 0,40 m de circonférence. Une ligne rouge s'enroule quatre fois autour du cylindre tel que montré ci-dessous. Quelle est la longueur de la ligne rouge ?

Solution p. 67

25 CAS PAR CAS

Remplacez chaque lettre par un chiffre unique (de 0 à 9) pour faire fonctionner l'égalité.

CAS = (C + A + S) x C x A x S

Solution p. 67

26 QUE LA LUMIÈRE SOIT !

Patricia se sent fatiguée, et elle veut gravir le moins de marches possible. Les trois ampoules de sa cave sont contrôlées chacune par un interrupteur placé au rez-de-chaussée. Comment détermine-t-elle à quel interrupteur correspond chaque ampoule en ne descendant qu'une fois à la cave ?

Solution p. 67

27 GARÇON ET FILLE

À l'école, un garçon et une fille sont assis côte à côte. « Je suis un garçon. » dit l'enfant aux yeux bleus. « Je suis une fille », dit l'enfant aux yeux marron. Le maître sait que l'un des deux au moins ment. Qui est la fille et qui est le garçon ?

Solution p. 67

28 NEUF CARRÉS

Déplacez huit allumettes pour former neuf carrés.

Solution p. 67

29 ROYAL DILEMME

Le cruel roi Jean fait venir un prisonnier et lui annonce qu'il sera exécuté à l'aube. Il lui parle en ces termes : « Tu es autorisé à faire une dernière déclaration. Si elle se révèle vraie, tu seras pendu, et si elle se révèle fausse, tu seras fusillé. » Le prisonnier obtempère et, après mûre réflexion, le roi décide de le libérer.

Qu'a dit le prisonnier ?

Solution p. 68

30 Jusqu'à mille

Comment obtenez-vous le nombre 1 000 en utilisant uniquement le chiffre 8 et l'addition ?

Solution p. 68

31

Recensement

Un recenseur sonne à la porte de Mme Martin et lui demande : « Combien d'enfants avez-vous et quels sont leurs âges ? »

Mme Martin répond : « J'ai trois filles, et si vous multipliez leurs âges entre eux vous obtiendrez le numéro de la maison voisine. »

Le recenseur se rend à la maison voisine, au numéro 36, mais il revient peu après et explique à Mme Martin qu'il lui faut davantage d'informations.

Impatientée, celle-ci répond : « Je dois rentrer maintenant, ma fille aînée m'appelle. » Le recenseur la remercie néanmoins, car il connaît enfin la réponse.

Quels sont les âges des trois filles de Mme Martin ?

Solution p. 68

32

ENTRE 4 ET 9

Quel signe mathématique pouvez-vous placer entre
4 et 9 pour obtenir un chiffre plus grand que 4
mais plus petit que 9 ?

Solution p. 68

33

TROIS AMIS

Trois amis, M. Rouge, M. Bleu et M. Noir, sortent dîner.
L'un porte une chemise rouge, un autre une chemise bleue et le troisième une chemise noire. « Avez-vous noté que nous portons tous une chemise d'une couleur différente de celle de notre nom ? » remarque l'un d'eux. « Oui M. Bleu, vous avez raison ! » répond l'ami à la chemise noire.

Pouvez-vous dire qui porte quelle chemise ?

Solution p. 68

34 DES CLOUS

Un menuisier fixe une plaque de métal carrée de 48 cm de côté sur une planche de bois. Pour cela, il plante 25 clous en ligne droite sur chaque côté du carré. Sachant que les clous sont tous régulièrement espacés les uns des autres, quel est le nombre de clous utilisés par le menuisier ?

Solution p. 68

35 Somme exacte

Déplacez une allumette pour faire fonctionner l'opération.

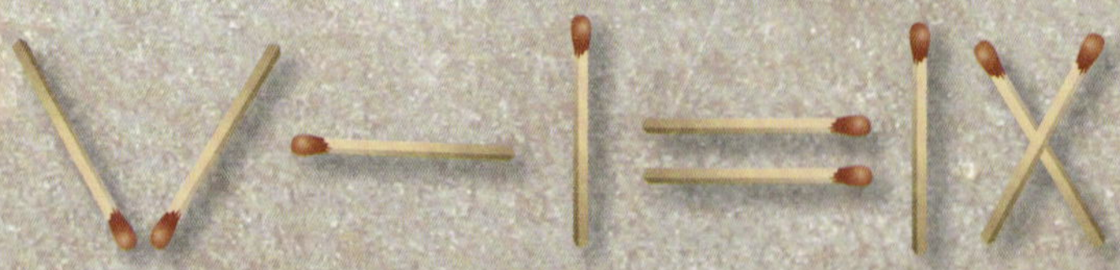

Solution p. 68

36 FANS DE FOOT

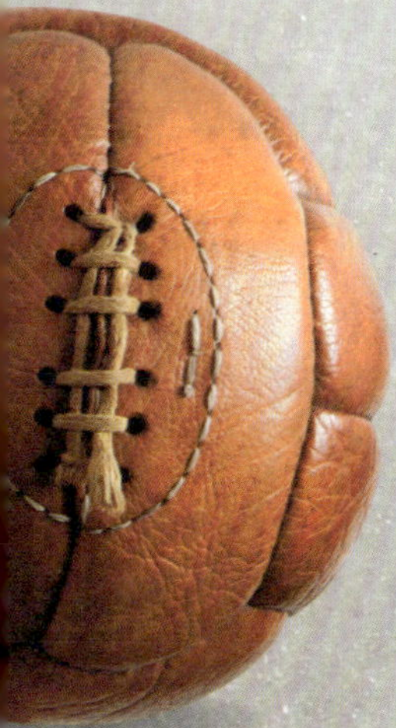

Lors de ce championnat de football, chaque équipe rencontre deux fois chacune des autres équipes, une fois à domicile et une fois à l'extérieur. Le championnat compte 56 matches.
Combien d'équipes y participent ?

Solution p. 69

37 Deux portes

Un prisonnier occupe une cellule percée de deux portes. Ces portes ne sont pas verrouillées, mais chacune est barrée par un garde en arme. Le prisonnier sait qu'une porte le conduira à la liberté, tandis que l'autre l'enverra au cachot. Il peut quitter sa cellule par une des portes, mais ne peut revenir sur ses pas. L'un des gardes dit toujours la vérité, l'autre ment toujours. Le prisonnier est autorisé à poser une question à l'un des gardes, mais il ne peut demander qui est le menteur.

Quelle question doit-il poser pour obtenir sa liberté ?

Solution p. 69

38 CALCUL MENTAL

Faites ces additions dans votre tête aussi vite que possible.

Additionnez d'abord 1 000 et 40.
Ajoutez 1 000.
Ajoutez 30, puis ajoutez encore 1 000.
Maintenant ajoutez 20 à ce total.
Ajoutez encore 1 000, puis 10.

Quelle est la somme obtenue ?

Solution p. 69

39 Trois enfants

La mère d'Édouard a trois enfants.
Le premier s'appelle Avril, le deuxième Mai.
Comment s'appelle le troisième ?

Solution p. 69

40 LE SANG DE FRANKENSTEIN

Le docteur Frankenstein prépare du sang pour sa nouvelle créature. Il dispose d'une large bonbonne de 8 l entièrement remplie de sang (bombonne C), et de deux bonbonnes vides pouvant contenir 3 et 5 l (bonbonnes A et B). Comment procède-t-il pour obtenir exactement 4 l de sang ?

Solution p. 69

41 Six triangles

Retirez trois allumettes pour former six triangles identiques.

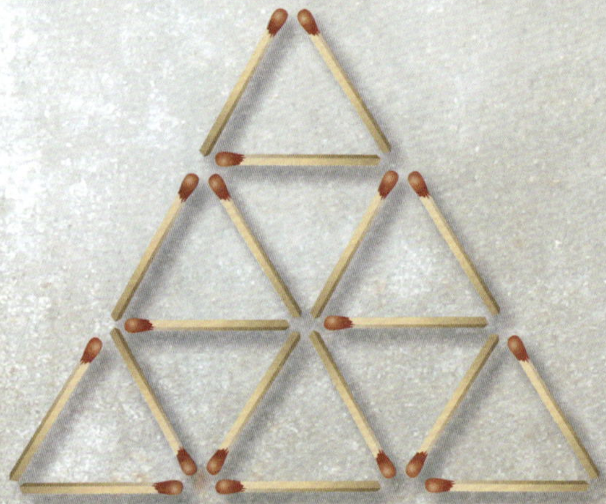

Solution p. 69

42 ÎLE EN FEU

Un homme vit sur une île recouverte de forêts et entièrement bordée de très hautes falaises. Un jour, un incendie se déclare à l'extrémité ouest du petit territoire. Le vent souffle depuis l'ouest, et bientôt l'île entière sera ravagée par les flammes. L'homme ne peut éteindre l'incendie. Comment parvient-il à survivre ?

Solution p. 70

43 COUPOLE

Si le petit rectangle bleu en haut à gauche mesure 6 m x 12 m, quel est le diamètre de la coupole de l'observatoire ?

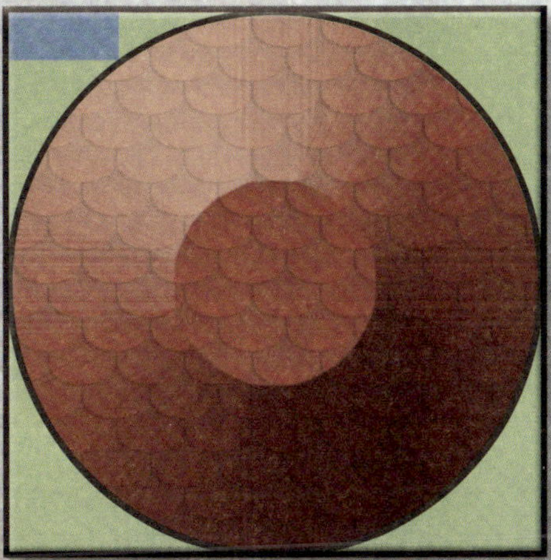

Solution p. 70

44 24 bonbons

Mme Louise apporte une boîte de bonbons à l'école. Sa classe compte 24 élèves et il y a 24 bonbons. Les enfants veulent tous un bonbon, mais ils souhaitent également que Mme Louise laisse un bonbon dans la boîte. Comment fait-elle pour les satisfaire ?

Solution p. 70

45 Et ensuite ?

Quel est le nombre suivant dans cette séquence ?

0, 1, 1, 2, 3, 5, 8, 13, 21, ?

Solution p. 70

46 Silhouettes

Laquelle de ces trois silhouettes est la plus grande ?

Solution p. 70

47 Surface mystère

Ces deux figures sont constituées de parties identiques.
D'où provient alors le morceau marqué d'un A?

Solution p. 71

48 Neuf triangles

Tracez trois droites sur cette figure pour former neuf triangles.

Solution p. 71

49 CARRÉS DE CHOCOLAT

La tablette de chocolat d'Arnaud mesure 8 carrés de long par 4 de large. Sachant qu'il ne peut effectuer qu'une cassure à la fois et que chaque cassure doit être horizontale ou verticale, combien de cassures doit-il réaliser pour séparer tous les carrés entre eux ?

Solution p. 71

50 ÉQUATORIAL

Imaginez une très longue corde qui suit, au niveau du sol, le périmètre équatorial de la Terre. Cette corde est ensuite élevée d'un mètre à l'aide de poteaux répartis sur toute sa longueur. Si le périmètre équatorial de la Terre est de 40 000 km, quelle doit être la longueur supplémentaire de la corde pour que ses deux extrémités se rejoignent ?

Solution p. 71

51 PONT DE BOIS

Pouvez-vous construire un pont entre les deux boîtes avec ces quatre allumettes ?

Solution p. 71

52 PAYÉS

Olivier et Pierre viennent de recevoir leur paye et tous deux possèdent la même somme d'argent. Combien Olivier doit-il donner d'euros à Pierre pour que celui-ci possède 10 € de plus que lui ?

Solution p. 72

53 MONEY

Remplacez chaque lettre
par un chiffre unique (de 0 à 9) pour que
cette opération fonctionne.

SEND + MORE = MONEY

Solution p. 72

54 DIX PRISONNIERS

Ces dix dangereux prisonniers partagent une cellule ronde, mais ils doivent être séparés. Pour cela, le gardien dispose de trois clôtures électriques circulaires. Où doit-il les placer ?

Solution p. 72

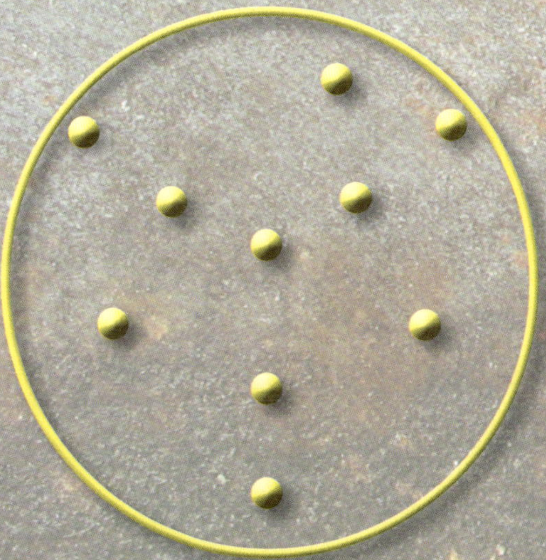

55 Cercles parfaits

Lequel des deux petits ronds est un cercle ?

Solution p. 72

56 ROBINETS

La piscine de Jean peut être remplie par le biais de quatre robinets. Il faut 12 h pour la remplir avec le robinet n° 1, 5 h avec le n° 2, 10 h avec le n° 3 et 6 h avec le n° 4. En combien de temps la piscine sera-t-elle remplie si les quatre robinets sont utilisés en même temps ?

Solution p. 72

57 De droite à gauche

Déplacez trois allumettes pour faire nager le poisson vers la gauche.

Solution p. 72

58 Combien d'œufs ?

Caroline revient du marché avec des œufs pas bien gros. Elle explique à sa mère : « J'ai payé 12 € pour le tout. Le marchand en a ajouté deux gratuits, car ils étaient petits, et ainsi le prix à la douzaine était inférieur de 1 € au prix affiché. »

Combien d'œufs Caroline a-t-elle achetés ?

Solution p. 73

59 DRÔLES DE BALANCES

René pèse sa trouvaille. Sachant qu'il y a 12 billes dans la première balance et 8 dans la seconde, quel est le poids en billes du fossile si les deux premières balances sont équilibrées ?

Solution p. 73

60 HIPPOMOBILE

L'inventeur Karl Benz veut démontrer que sa Motorwagen est plus rapide qu'une voiture à cheval. Il conduit son prototype à 16 km/h, sa vitesse maximale, et double une calèche qui roule de façon constante à 8 km/h. Combien de temps K. Benz doit-il poursuivre sa route à la même vitesse s'il veut s'arrêter 15 min et repartir sans être dépassé par la calèche ?

Solution p. 73

61 Joyeux divorce

Florence et Barnabé sont amoureux l'un de l'autre. Ils sont mariés depuis 20 ans. Quand Barnabé dit à Florence qu'il veut divorcer, elle est enchantée !

Pourquoi ?

Solution p. 73

62 LE DILEMME DE L'ÉTUDIANT EN DROIT

Ce paradoxe date de l'Antiquité grecque.

Protagoras, professeur réputé, accepte d'enseigner le droit au jeune et démuni Euthalus à la condition que celui-ci s'acquitte de sa dette lorsqu'il aura gagné son premier procès. Plus tard, impatient d'être payé, Protagoras attaque Euthalus en justice, bien que celui-ci n'ait pas encore gagné de procès. Protagoras argumente que s'il gagne le procès, il recevra l'argent qui lui est dû et que, s'il le perd, il sera aussi payé au titre du contrat original puisque Euthalus aura gagné son premier procès. Or Euthalus prétend que, si Protagoras obtient gain de cause, il n'aura, lui, toujours pas gagné de procès et ne pourra être contraint de payer et que, si lui-même gagne le procès, les termes du premier contrat seront nuls et il n'aura pas à payer sa dette. Qui a raison ?

Solution p. 73

63 Six triangles

Déplacez deux allumettes pour former six triangles.

Solution p. 73

64 QUI ÊTES-VOUS ?

Le très étourdi professeur Arthur regarde l'homme qui se tient en face de lui. Brusquement, il se souvient : « Le fils de cet homme est le père de mon fils. » Qui est l'homme observé par le professeur ?

Solution p. 74

65 Allumettes magiques

Dessinez sur une feuille de papier six lignes parallèles espacées entre elles de deux longueurs d'allumette. Jetez ensuite, une à une et au hasard, toutes les allumettes d'une boîte sur la surface ainsi délimitée. Comptez maintenant le nombre des allumettes chevauchant une ligne et divisez le nombre total d'allumettes par ce nombre. Quel résultat trouvez-vous ?

Solution p. 74

66 QUEL ÂGE ?

André est deux fois moins âgé
que sa mère. Voici deux ans, elle était
trois fois plus âgée que lui.

Quel âge a André ?

Solution p. 74

67 Sommes égales

Remplacez chaque étoile par un chiffre de 1 à 9 pour que
la somme des chiffres soit la même dans tous les cercles.

Solution p. 74

68 BUREAUX MOBILES

M. Alfred souhaite une nouvelle disposition pour les bureaux de ses assistantes, mais celles-ci ne lui facilitent pas la tâche : Sophie veut être assise derrière Brigitte, et Brigitte insiste pour être assise derrière Sophie.

Comment peut-il résoudre ce problème ?

Solution p. 74

69 L'EURO MANQUANT

Trois voyageurs s'arrêtent à un hôtel pour la nuit. Ils payent chacun 10 € et gagnent leur chambre. Plus tard, le réceptionniste réalise que le prix de la chambre triple donnée aux voyageurs est de 25 €. Il donne 5 € au bagagiste et l'envoie donner cet argent aux trois clients. Le bagagiste, peu scrupuleux, rembourse 1 € à chaque voyageur et garde 2 € pour lui. Ainsi, les voyageurs ont dépensé 27 € et le bagagiste a conservé 2 €. Où est passé l'euro manquant ?

Solution p. 74

70 VILLAGE FRONTALIER

Dans un village à la frontière franco-allemande,
80 % des habitants parlent le français et 70 % l'allemand.
Tous parlent au moins une des deux langues.

Quel est le pourcentage d'habitants bilingues ?

Solution p. 74

71 PROBLÈME DE POIDS

Un semi-remorque pesant exactement 20 t entame la traversée d'un pont de 10 km qui ne peut supporter un véhicule de plus de 20 t. Au milieu du pont, un pigeon de 500 g se pose sur le camion. Pourtant, le pont ne s'effondre pas. Pourquoi ?

Solution p. 75

72 Deux enfants

Au cours d'une promenade, M. Blanc rencontre une femme avenante accompagnée de deux enfants d'âges différents. « Quels beaux enfants vous avez ! » lui dit-il. L'un d'eux est une fille. Quelle est la probabilité pour que l'autre soit également une fille ?

Solution p. 75

73 Trois carrés

Déplacez trois allumettes pour former trois carrés.

Solution p. 75

74 *Crash aérien*

Un avion s'écrase sur la frontière entre les États-Unis et le Canada. Où doit-on enterrer les survivants ?

Solution p. 75

75 SIX VERRES

Charles dispose une rangée de six verres devant lui. Les trois premiers verres sont remplis de vin, les trois autres sont vides. Comment peut-il faire alterner verres pleins et verres vides en ne bougeant qu'un seul verre ?

Solution p. 75

76 Billes

Le roi accorde à un condamné une dernière chance de pardon. Il lui donne un sac de 50 billes noires, un autre de 50 billes blanches et deux coupelles. L'homme peut répartir les 100 billes entre les deux coupelles de la façon dont il le souhaite. On lui bande ensuite les yeux, tandis que les billes sont mélangées dans chacune des coupelles, et que les coupelles elles-mêmes sont librement interverties. Le condamné doit tirer une bille de la première coupelle qu'il viendra à toucher. Si la bille est noire, il sera exécuté ; si elle est blanche, il aura la vie sauve.

Comment procède le condamné pour optimiser ses chances de survie ?

Solution p. 76

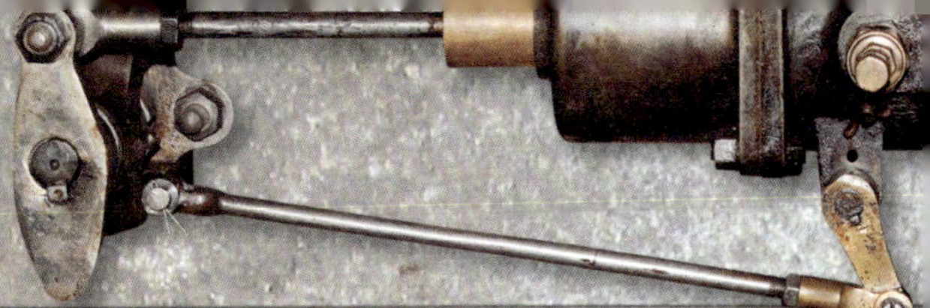

77 ALPHA BÊTA

Remplacez chaque lettre par un chiffre unique (de 0 à 9) pour faire fonctionner cette opération.

ALFA + BETA + GAMA = DELTA

Solution p. 76

78 Partie de pêche

Deux pères et deux fils vont à la pêche. Chaque père et chaque fils attrapent un poisson. Pourtant, à eux tous, ils n'ont que trois poissons. Comment est-ce possible ?

Solution p. 76

79 Surfaces égales

Ajoutez quatre allumettes pour diviser ce carré en deux parties de formes et surfaces égales (sans casser ni superposer les allumettes).

Solution p. 76

80 Au bout du tunnel

Un train long de 1 km lancé à 60 km/h entre dans un tunnel long de 1 km. Au bout de combien de temps sort-il complètement du tunnel ?

Solution p. 76

81 TEST DE WASON

Ces quatre cartes sont disposées devant vous sur une table. Chacune porte un numéro sur une face et une couleur sur l'autre. Quelles cartes devez-vous retourner pour vérifier l'assertion suivante : si une carte porte un numéro pair sur une face, alors sa face opposée est rouge ?

Solution p. 76

82 Deux ivrognes

Deux ivrognes découvrent un fût de vin dont le couvercle a été ôté. En regardant à l'intérieur, le premier, éternel optimiste, estime qu'il est un peu plus plein que vide. Le second, plus méfiant, pense qu'il est un peu plus vide que plein. Que font-ils pour déterminer qui a raison ?

Solution p. 77

83 PILULES

Le docteur Frank a un problème. Il pense avoir, dans sa réserve, 12 boîtes de pilules portant la mention aspirine, mais sur certaines l'étiquette est presque entièrement effacée. De plus, le docteur a découvert qu'une de ses boîtes d'arsenic a disparu et il se demande si elle ne se trouve pas parmi les boîtes d'aspirine. Il ne connaît pas le nombre de pilules contenues dans chaque boîte, mais il sait qu'une pilule d'arsenic pèse 9 g, au lieu de 10 g pour une pilule d'aspirine. Pour ne rien arranger, les piles de sa balance électronique sont presque épuisées, et il ne peut réaliser qu'une seule pesée. Comment procède-t-il pour déceler la boîte contenant l'arsenic en utilisant une seule fois sa balance ?

Solution p. 77

84 L'ÉCHELLE DE ROMÉO

Roméo brûle d'envie de rejoindre Juliette sur son balcon, mais il a le vertige et doit s'arrêter à l'échelon médian de son échelle, incapable d'aller plus loin. Pensant à sa dulcinée, il s'arme de courage et parvient à gravir quatre échelons, avant de retomber de cinq dans un accès de panique. Il essaie encore, et cette fois progresse de six échelons, fait une pose, puis gravit les six derniers échelons pour atteindre enfin le balcon.

Combien l'échelle de Roméo compte-t-elle d'échelons?

Solution p. 77

85 ABCDE

Remplacez chaque lettre par un chiffre unique de 1 à 5 de façon à ce que l'opération suivante soit vérifiée.

AB x C = DE

Solution p. 77

86 TRIANGLE ET LOSANGE

Déplacez deux allumettes pour former un triangle et un losange.

Solution p. 77

87 Dix pilules

M. Blanc est très malade. Son médecin lui prescrit 10 pilules, la première à prendre immédiatement, les autres à ingurgiter une à une toutes les 15 min. En combien de temps M. Blanc aura-t-il épuisé ses pilules ?

Solution p. 77

88 Au marché

Sur le chemin du marché avec son panier vide
pour tout bagage, Mme Martin rencontre sept fermiers
accompagnés chacun de trois cochons.
Trois des fermiers ont chacun deux moutons,
et l'un a également quinze oies.
Combien de pieds vont au marché ?

Solution p. 77

89 C'est du billard

Un joueur de billard veut emporter sa propre queue à un tournoi organisé sur une île, mais l'instrument mesure presque 1,50 m et les bagages de plus de 1,20 m de long sont interdits sur le seul bateau effectuant la traversée. Il consulte un menuisier, qui lui fabrique un étui spécial à partir de plaques de bois très fines. Ainsi équipé, le joueur de billard est autorisé à monter à bord.

Quelle est la forme de l'étui ?

Solution p. 78

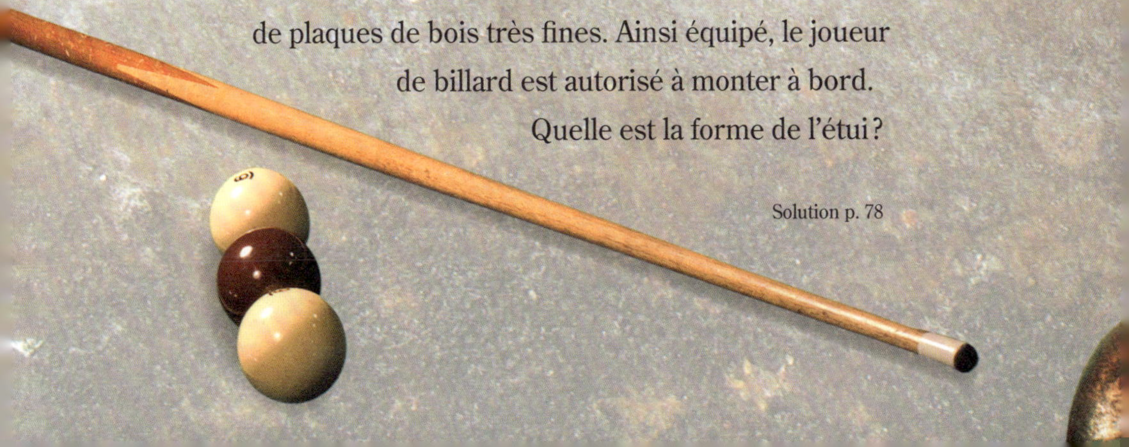

90 Quatre pareilles

À partir d'un jeu de 52 cartes, combien de cartes devez-vous tirer pour avoir l'assurance d'obtenir un carré ?

Solution p. 78

91 Cinq jeux

Si vous avez maintenant cinq jeux de 52 cartes, combien de cartes devez-vous tirer pour obtenir un carré ?

Solution p. 78

92 Deux ronds

Lequel des deux ronds orange est le plus grand ?

Solution p. 78

93 UN TIERS

Disposez les chiffres de 1 à 9, en utilisant chacun une seule fois, pour former une fraction égale à 1/3.

Solution p. 78

94 FAIRE LA CHAÎNE

Un joaillier veut créer une chaîne en argent à partir de quatre morceaux chacun composé de trois maillons.
Chaque maillon scié devra être ressoudé.
En combien de soudures le joaillier peut-il arriver à ses fins ?

Solution p. 78

95 ANGLES

Quelle est la valeur de l'angle formé par les deux lignes pointillées dessinées sur les faces de ce cube ?

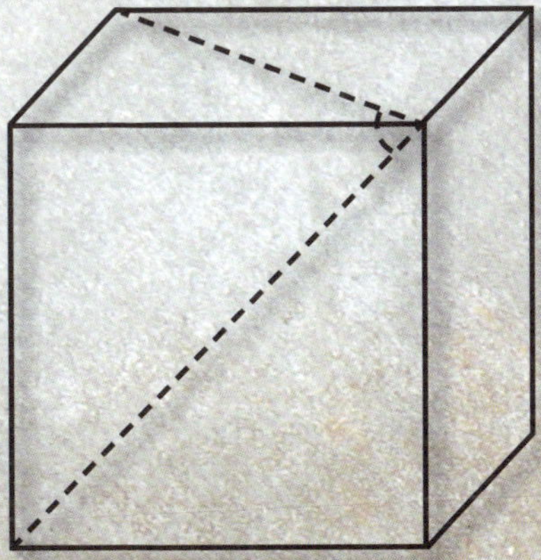

Solution p. 78

96 DIX BOULES

Disposez ces dix boules en cinq lignes de façon à ce que chaque ligne compte quatre boules.

Solution p. 79

97 DIAMANT ÉTERNEL

Un diamantaire a trois diamants et deux boîtes. L'une des boîtes est deux fois plus longue, plus large et plus haute que l'autre. Comment peut-il disposer les diamants dans les boîtes pour que chaque boîte contienne un nombre impair de diamants ?

Solution p. 79

98 CINQ 5

Remplacez les ? par les signes +, -, : ou x pour faire fonctionner cette opération. (Vous pouvez aussi ajouter des parenthèses.)

5 ? 5 ? 5 ? 5 ? 5 = 100

Solution p. 79

99 RETOUR D'ÂGE

Roger est dix fois plus âgé que son fils Mathieu,
qui est quatre fois plus âgé que sa sœur Thérèse.
Dans 38 ans, Roger sera deux fois plus âgé que Thérèse.

Quel âge a Roger ?

Solution p. 79

100 QUELLE HEURE EST-IL ?

S'il était 2 h plus tard, le temps vous séparant
de minuit serait moitié moins long qu'il ne le serait
s'il était 1 h plus tard. Quelle heure est-il ?

Solution p. 79

101 ÉTRANGE OPÉRATION

Comment pouvez-vous rendre cette opération correcte sans la modifier ?

XI + I = X

Solution p. 79

102 En tranches

Ce grand cube est constitué de 27 cubes identiques. Quel nombre minimal de découpes devez-vous effectuer pour complètement séparer entre eux ces 27 éléments ?

Solution p. 79

1 2999. Dans 29, il y a 3 x 9 (27), et le 2 restant vient en tête.

2 Deux : un canard et un lapin. Pouvez-vous voir ces deux animaux en même temps, ou voyez-vous l'un ou l'autre ?

3 11. La 1re personne trinque avec 10 autres, la 2e avec 9, et ainsi de suite. Les 55 chocs de verre se décomposent comme suit : 10 + 9 + 8 + 7 + 6 + 5 + 4 + 3 + 2 + 1 = 55.

4 Il ment. Ce que dit Nicolas ne peut être vrai car cela contredirait son assertion. Et comme il ment, il se peut qu'en d'autres occasions, il dise la vérité.

5 La surface du rectangle est égale à deux unités, de même que celle du carré à reconstituer, dont les côtés seront égaux à $\sqrt{2}$. Il faut donc diviser le rectangle en quatre triangles d'hypoténuse égale à $\sqrt{2}$.

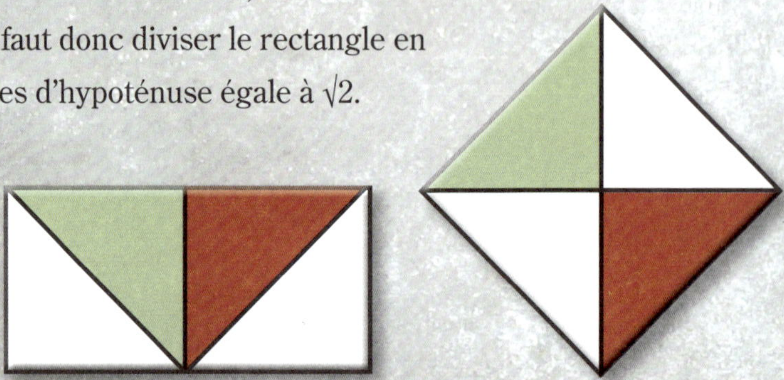

6 La surface du rectangle est de cinq unités, donc les côtés du carré à créer doivent être égaux à $\sqrt{5}$. Tracez 4 triangles de côtés égaux à 1, 2 et $\sqrt{5}$ et disposez-les autour du carré restant.

7 Il y a 36 couples horaires avec inversion des aiguilles entre 15 h et minuit. Le nombre de couples horaires entre 1 h *h* et minuit est égal à la somme des nombres depuis 1 à (12 - (*h* + 1)).
Ici, *h* = 3, donc le nombre de couples horaires est égal à 1 + 2 + 3 + 4 + 5 + 6 + 7 + 8 = 36.

8 8. Écrivez les nombres en chiffres romains et coupez-les en deux selon un axe médian horizontal.

9

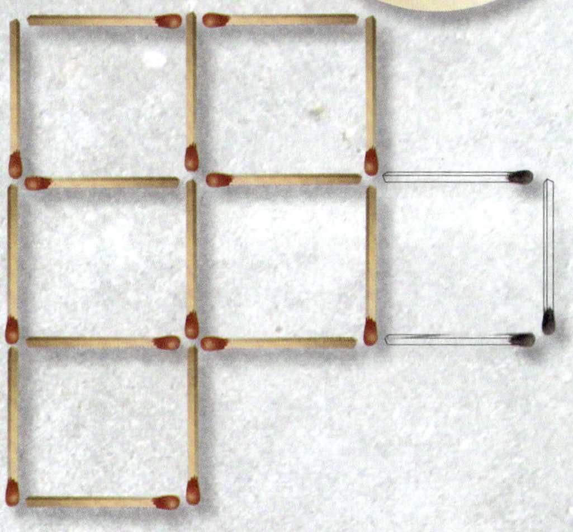

10 Il aura besoin de huit sacs, contenant chacun 1, 2, 4, 8, 16, 32, 64 et 12 €. Avec les sept premiers, il peut payer tout montant jusqu'à 127 €. En ajoutant le sac de 12 €, il pourra payer tout montant jusqu'à 139 €.

11 1 + 2 + 3 + 4 + 5 + 6 + 7 + (8 x 9) = 100

12 Elle a trois poulets et six cochons. Si x est le nombre de poulets et y le nombre de cochons, on peut poser les équations $x + y = 9$ et $2x + 4y = 30$, d'où $x = 3$ et $y = 6$.

13 Le niveau du lac s'abaisse. À l'intérieur du bateau, l'ancre déplace une quantité d'eau équivalant à son poids. Dans l'eau, elle déplace une quantité d'eau équivalant seulement à son volume.

14

15 Dans deux semaines. À condition qu'il commande 2 pignons à M. Merle et 6 pignons à M. Dupuis.

16 Aucune. Il a terminé quatrième.

17 En 34 min, 28 s. Si Chloé couvre 12 km en 30 min avec le vent, elle peut couvrir, avec le même vent, 16 km en 40 min. Contre le vent, elle parcourt 12 km en 40 min. Par un jour sans vent, elle peut donc couvrir 14 km en 40 min et, pour 12 km, son temps passé sur le vélo sera de 12 x (40/14) min, c'est-à-dire 34 min et 28 s.

18 Elle enflamme simultanément une des mèches à une extrémité et l'autre aux deux extrémités. Lorsque la deuxième mèche est entièrement consumée, elle sait que 30 min se sont écoulées. Elle enflamme alors l'autre extrémité de la première mèche. Lorsque celle-ci est entièrement consumée, elle sait que 45 min se sont écoulées.

19 Ils n'ont pas joué l'un contre l'autre.

20 Si elle vend le restant de pommes, Mme Blanc recevra 24 €.
Elle donnera à Mme Adèle 15 € et gardera 9 €.
Mais les 30 pommes de Mme Blanc valaient pour elle 10 €.
Il lui manque donc 1 €.

21 $5^7 = 78\,125$

22

23 1 kg, 3 kg, 9 kg et 27 kg.
Il peut placer ses poids sur les deux plateaux de la balance.
Ainsi : 1 kg = 1 kg ; 2 kg = 3 kg – 1 kg ; 3 kg = 3 kg...
39 kg = 27 kg + 9 kg + 3 kg ; 40 kg = 27 kg + 9 kg + 3 kg + 1 kg.

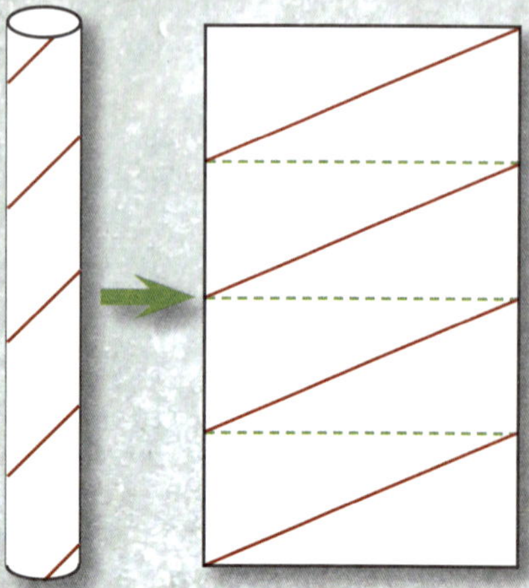

24 200 cm. Mise à plat, la surface du cylindre prend la forme du rectangle ci-contre. La ligne rouge suit les diagonales de quatre rectangles égaux. Chacune est l'hypoténuse d'un triangle rectangle dont les deux petits côtés mesurent 30 et 40 cm. D'après Pythagore, on sait que $x^2 = 900 + 1600$, d'où $x = 50$.

25 135 = (1 + 3 + 5) x 1 x 3 x 5.

26 Elle enclenche deux interrupteurs durant 5 min, puis elle éteint l'un d'eux et descend à la cave. Elle sait que l'ampoule allumée est contrôlée par l'interrupteur resté enclenché. En touchant les deux autres ampoules, elle sait que celle encore chaude est contrôlée par l'interrupteur qu'elle vient d'éteindre. Elle sait donc aussi que l'ampoule froide est contrôlée par l'interrupteur qu'elle n'a pas utilisé.

27 Ils mentent tous les deux. Si l'un des deux seulement avait menti, ils auraient tous les deux dit « Je suis une fille. » ou « Je suis un garçon. » L'enfant aux yeux bleus est donc une fille, celui aux yeux marron, un garçon.

28

29 Le prisonnier dit : « Je serai fusillé. » Le roi est perplexe : si le prisonnier est fusillé, il a dit vrai et il doit être pendu, mais s'il est pendu, il a menti et il doit être fusillé. Il décide donc de le libérer.

30 888 + 88 + 8 + 8 + 8 = 1000.

31 Mme Martin a une fille de 9 ans et deux jumelles de 2 ans. Si le produit de leurs âges est 36, ses filles sont âgées de 9, 2 et 2 ans, ou de 6, 6 et 1 an. Et s'il y a une aînée, c'est la première combinaison.

32 Une virgule décimale, ce qui donne 4,9.

33 M. Bleu porte une chemise noire ou une chemise rouge. Mais l'ami à la chemise noire a répondu à M. Bleu, donc M. Bleu porte une chemise rouge. L'ami à la chemise noire ne peut être que M. Bleu ou M. Rouge, mais M. Bleu porte une chemise rouge, donc il s'agit de M. Rouge. Il reste donc M. Noir, qui porte une chemise bleue.

34 96 : il y a un clou à chaque angle et 23 de plus pour chaque côté.

35

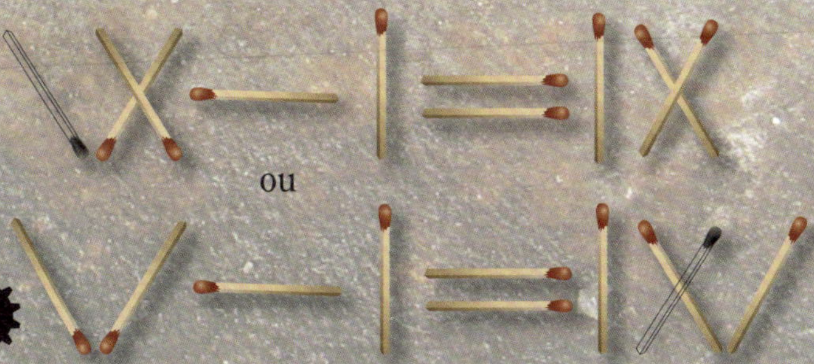

36 8. Si chaque équipe rencontrait toutes les autres équipes une seule fois, le nombre de matchs serait de 28, soit 7 + 6 + 5 + 4 + 3 + 2 + 1, ce qui correspond à huit équipes participantes.

37 Il demande au garde : « Quelle porte m'indiquerait l'autre garde pour me conduire à la liberté ? » Puis il choisit l'autre porte.

38 4 100. Vous avez trouvé 5 000 ? Ne vous inquiétez pas, d'autres aussi !

39 Édouard.

40 Il remplit la bonbonne A avec la bonbonne C, puis il verse le contenu de la bonbonne A dans la bonbonne B. Il utilise de nouveau la bonbonne C pour remplir la bonbonne A, puis il finit de remplir B avec A, et jette le restant de A. Il remplit ensuite A avec B. Il lui reste donc 2 l dans B et 2 l dans C. En versant le contenu de B dans C, il obtient les 4 l souhaités.

41

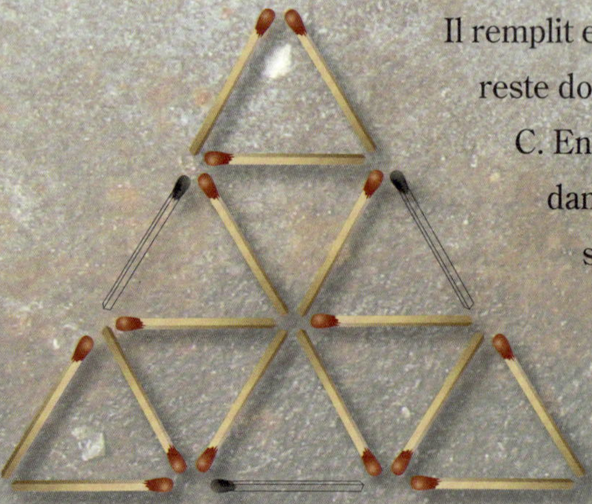

42 Il saisit une longue branche et en enflamme une extrémité au contact des flammes, puis il va se placer à 10 m de la pointe orientale de l'île et allume un incendie. Poussé par le vent, l'incendie gagne rapidement la falaise orientale, et l'homme peut ensuite trouver refuge sur la partie de l'île qu'il vient de brûler.

43 60 m. Son rayon est l'hypoténuse d'un triangle rectangle de petits côtés (r - 6) et (r - 12). D'après Pythagore, on peut écrire : $(r - 6)^2 + (r - 12)^2 = r^2$, ce qui donne : $r^2 - 36r + 180 = 0$, puis en factorisant : $(r - 30)(r - 6) = 0$. Ainsi r est égal à 30 ou à 6, mais 6 peut être écarté puisqu'il donnerait à l'hypoténuse une valeur négative (r - 12). Donc, le rayon mesure 30 m et le diamètre 60.

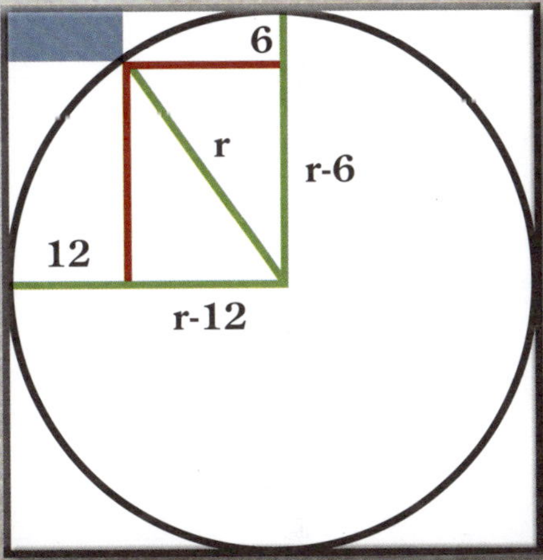

44 Elle donne un bonbon à 23 élèves et, au dernier élève, elle donne la boîte avec le dernier bonbon à l'intérieur.

45 34. Chaque terme est la somme des deux précédents. Une telle suite est appelée suite de Fibonacci.

46 C'est la silhouette au premier plan. La perspective nous fait croire que la silhouette la plus éloignée est la plus grande, mais il n'en est rien.

47 Regardez attentivement les deux figures : aucune des deux n'est un triangle. Sur la première, les grands côtés des triangles rouge et bleu forment une ligne concave, tandis que cette ligne est convexe sur la deuxième. C'est ainsi qu'apparaît la surface supplémentaire.

48

49 31. Il y a 32 carrés et, chaque fois qu'Arnaud effectue une cassure, il augmente le nombre de morceaux d'une unité. Ainsi, pour les 32 carrés d'une tablette, il doit effectuer (32 - 1) cassures.

50 Il faut seulement 6,28 m de corde en plus. Le rayon du cercle a été augmenté d'un mètre. La circonférence d'un cercle étant $2\pi r$, la longueur en plus est égale à 2π x 1 m, soit 6,28 m.

51

52 5 €.

53 9 567 + 1 085 = 10 652.

54

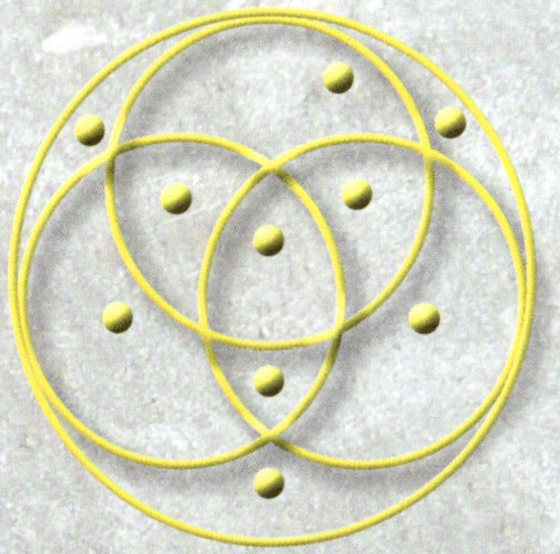

55 Les deux sont des cercles.

56 En 1 h, la piscine reçoit $\frac{5}{60} + \frac{12}{60} + \frac{6}{60} + \frac{10}{60} = \frac{33}{60}$ de sa contenance totale. Elle sera donc remplie en $\frac{60}{33}$ d'heure, soit 1 h, 49 min et 7 s.

57

58 Caroline a acheté 18 œufs. Le marchand lui en a vendu 16 œufs pour 12 € et en ajouté 2 gratuits. Le prix original de la douzaine était donc de 9 €.

59 9 billes. La 1re balance indique : f(ossile) + $3c$(ubes) = $12b$(illes), d'où $c = 4b - 1/3f$. D'après la 2e balance, on peut préciser : $4f/3 = 12b$, d'où $f = 9b$.

60 15 min. Il roule 8 km/h plus vite que la calèche et, à l'arrêt, il sera rattrapé par celle-ci à raison de 2 km par 15 min. Il doit donc précéder la calèche de 2 km, ce qui équivaut à 15 min.

61 Ils sont mariés, mais pas l'un à l'autre.

62 Il existe diverses réponses possibles pour ce paradoxe. Si Euthalus n'a pas encore gagné de procès, le tribunal donnera sûrement tort à Protagoras et Euthalus n'aura pas à payer sa dette. Cependant, si Protagoras attaque de nouveau Euthalus en justice, il gagnera et Euthalus sera contraint de payer. Sauf, bien sûr, s'il fait assurer sa défense par un autre avocat que lui-même.

63

64 Son père.

65 Vous avez sans doute trouvé une valeur proche de π (pi), c'est-à-dire de 3,14.

66 André a 20 ans et sa mère a 40 ans. Dix ans plus tôt, André avait 10 ans et sa mère 30 ans.

67

68 Il place ses assistantes dos à dos.

69 Il n'y a pas d'euro manquant. Les voyageurs ont dépensé 27 € et non 30 €. De ces 27 €, 25 sont allés à l'hôtel et 2 au bagagiste.

70 Si aucun habitant n'était bilingue, francophones et germanophones formeraient 100 % de la population. Le pourcentage d'habitants bilingues est donc égal à 150 - 100, soit 50 %.

71 Lorsque le poids lourd atteint le milieu du pont, il a parcouru 5 km et brûlé plus de 500 g de carburant.

72 Il y a une chance sur deux que les deux enfants soient des filles. Si l'on nomme les enfants E1 et E2, les possibilités (avec E1 en premier) sont les suivantes : FF, FG, GF et GG. Sachant que l'un des enfants est une fille, GG peut être éliminé. Si E1 est la fille que nous connaissons, alors seuls FG et FF sont possibles. Si E2 est la fille que nous connaissons, alors seuls GF et FF sont possibles. Dans, les deux cas, il existe bien une chance sur deux.

73

74 On n'enterre pas les survivants !

75 Il prend le deuxième verre, en verse le contenu dans le cinquième verre, puis le remet à sa place.

76 Il place une bille blanche dans une coupelle et toutes les autres billes dans l'autre. Ainsi, il aura la vie sauve s'il trouve la bonne coupelle, et 49 chances sur 99 de survivre s'il choisit l'autre, ce qui représente globalement presque trois chances sur quatre.

77 Il y a deux solutions possibles:
5795 + 6435 + 2505 = 14735 ou 5305 + 2475 + 6595 = 14375

78 Il y a un homme, son père et son grand-père.

79

80 2 min. Lorsque la locomotive pénètre dans le tunnel, la queue du train est distante de 1 km, donc le train doit couvrir 2 km pour sortir complètement du tunnel. À la vitesse de 60 km/h, soit 1 km/min, cette distance est parcourue en 2 min.

81 La carte 8 et la carte marron. La carte rouge peut être paire ou impaire sans contredire l'assertion. Ce test a été mis au point par le psychologue anglais Peter Cathcart Wason, et rares sont ceux qui trouvent la bonne réponse.

82 Ils inclinent le fût jusqu'à ce que le vin affleure le bord. Si une partie du fond est visible, l'optimiste a raison. Dans le cas contraire, c'est son méfiant compère qui dit vrai.

83 Il numérote les boîtes de 1 à 12, puis il prélève 1 pilule de la boîte n° 1, 2 de la boîte n° 2, 3 de la boîte n° 3, et ainsi jusqu'à 12 de la boîte n° 12. Il a maintenant 78 pilules. Si toutes sont des pilules d'aspirine, leur poids total sera de 780 g, mais si la boîte 1 est une boîte d'arsenic, le poids total sera de seulement 779 g. Ainsi, en ôtant de 780 le poids affiché sur la balance, le docteur Frank obtiendra le numéro de la boîte contenant l'arsenic.

84 L'échelle compte 23 échelons.

85 13 x 4 = 52.

86

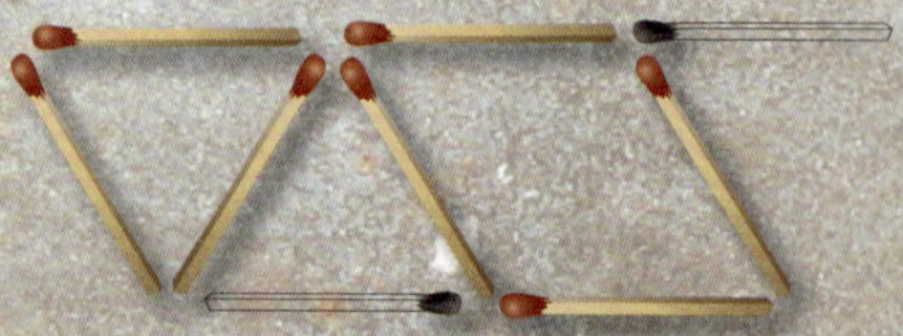

87 2 h 15 min.

88 2. Seule Mme Martin se rend au marché.

89 L'étui à une forme rectangulaire. Il mesure 1,20 m de long et 0,90 m de large. Sa diagonale extérieure mesure 1,50 m, et sa diagonale intérieure un petit peu moins à cause de l'épaisseur du bois, ce qui convient tout juste.

90 40.

91 Encore 40. Il y a 13 cartes par couleur, donc le nombre maximal de cartes à tirer pour obtenir un carré est de (13 x 3) + 1. Cela est vrai quel que soit le nombre de jeux utilisé.

92 Ils sont identiques.

93 Il y a deux solutions possibles:
5 832/17 496 ou bien 5 823/17 469

94 3. Le joaillier peut scier les trois maillons de l'un des morceaux et les utiliser pour relier les trois autres.

95 60°. Tracez une troisième ligne ainsi que montré ci-contre. Les trois lignes forment un triangle équilatéral dont les trois angles ont pour valeur 60°.

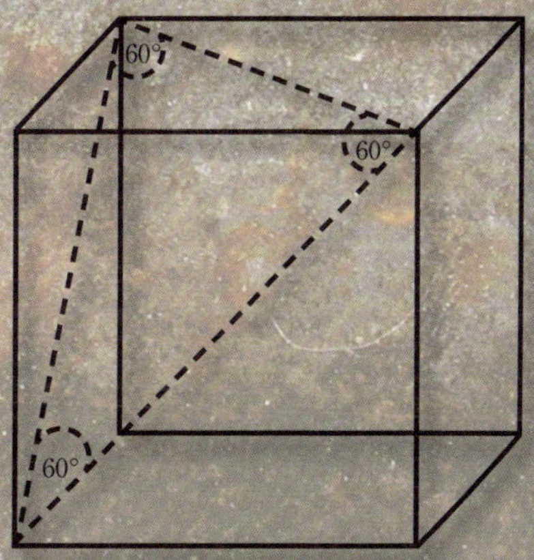

96

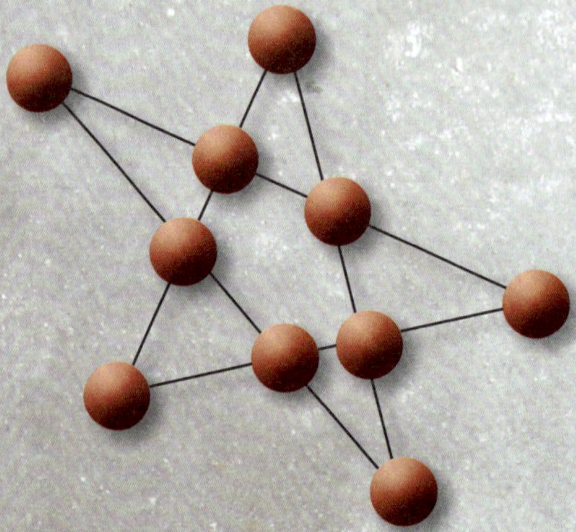

97 Il place un diamant dans la petite boîte et place celle-ci et les deux autres diamants dans l'autre boîte. Il peut aussi faire de même en plaçant les trois diamants dans la petite boîte.

98 (5 x 5 x 5) - (5 x 5) = 100.

99 Roger a 40 ans, Mathieu a 4 ans et Thérèse a 1 an.

100 Il est 21 h.

101 En plaçant le livre bas en haut.
X = I + IX

102 Six découpes sont nécessaires. Chaque découpe révèle une face du petit cube situé au centre du grand cube. Lorsque les six faces du petit cube sont révélées, les 27 cubes sont séparés.